EXPOSITION

DES ŒUVRES

DE

L.-G. PELOUSE

Vitam excolnere per artes

Virg.

ÉCOLE NATIONALE DES BEAUX-ARTS

QUAI MALAQUAIS

PARIS — 1892

EXPOSITION
DES ŒUVRES
DE
L.-G. PELOUSE

Mars 1892

IMPRIMERIE A. MAULDE ET Cie
RUE DE RIVOLI, 144, PARIS

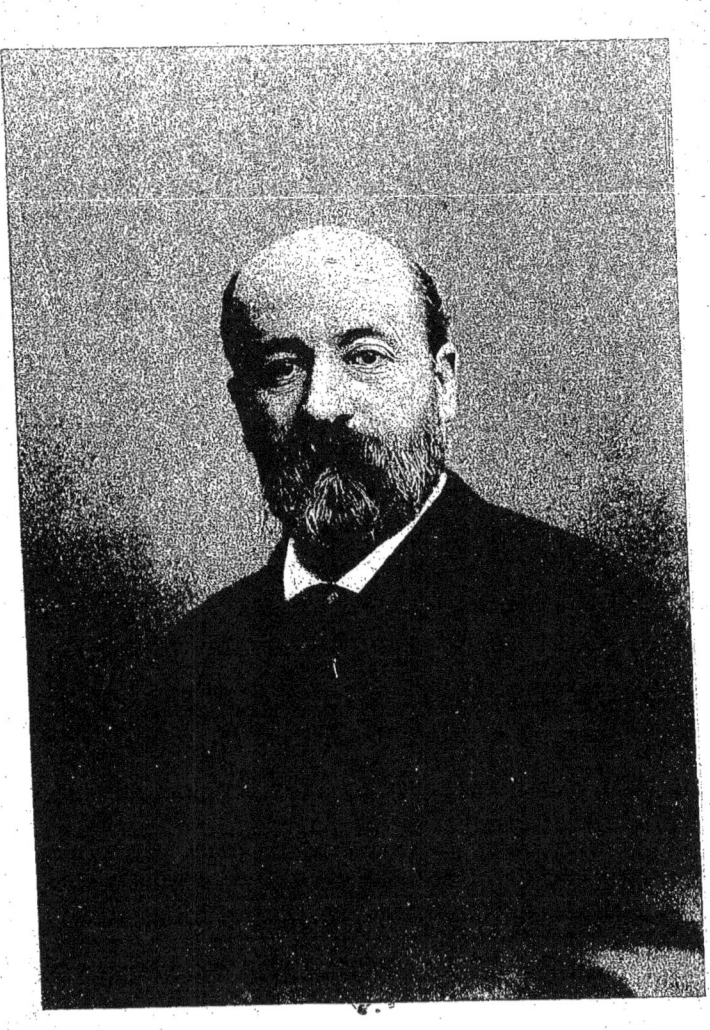

D'après une photographie de PIROU

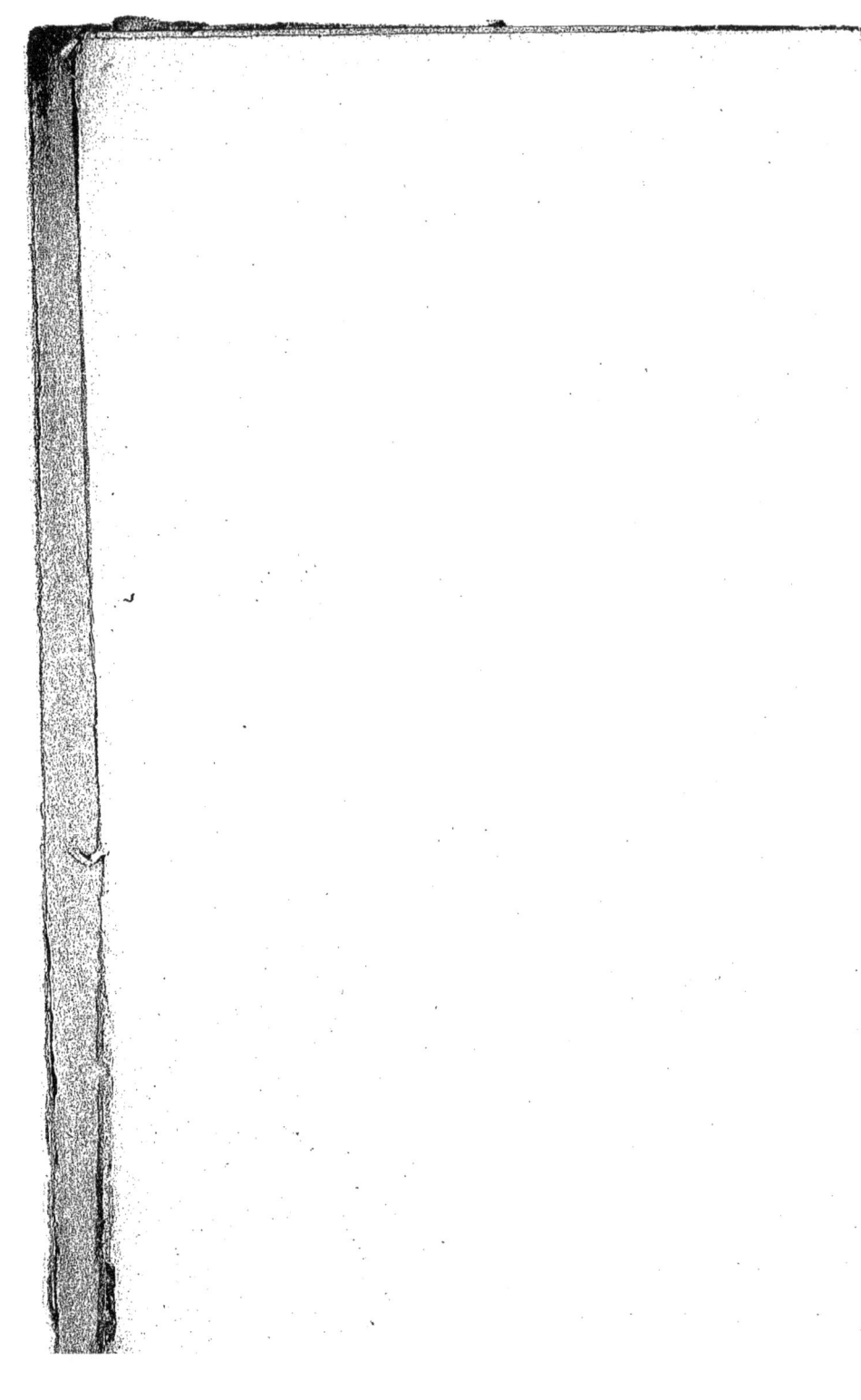

CATALOGUE

DES

TABLEAUX

DE

L.-G. PELOUSE

RÉUNIS

A L'ÉCOLE NATIONALE DES BEAUX-ARTS

Quai Malaquais

PARIS — 1892

COMITÉ D'ORGANISATION

MM.
BONNAT, C. ✻, Membre de l'Institut, Président de la Société des Artistes français, *Président.*
BUSSON, O. ✻.
CORMON, O. ✻.
FALGUIÈRE, C. ✻, Membre de l'Institut.
FRANÇAIS, O. ✻, Membre de l'Institut.
Philippe GILLE, O. ✻.
Docteur GUÈDE.
GUILLEMET, ✻.
Adrien HÉBRARD, Sénateur.
Jules LEFÈVRE, O. ✻, Membre de l'Institut.
A. LÉGER,
LHEUREUX, ✻, Architecte.
MERCIÉ, C. ✻, Membre de l'Institut.
SAINTPIERRE, ✻.
Armand SILVESTRE, ✻.
Victor de SWARTE, ✻, Trésorier-Payeur général.
E. TRESCA, ✻.
VALLÉ, Député.
VAYSON, ✻.

Pour les Renseignements
    S'adresser à l'Exposition
à *MM. J. Chaine et Simonson, Experts.*

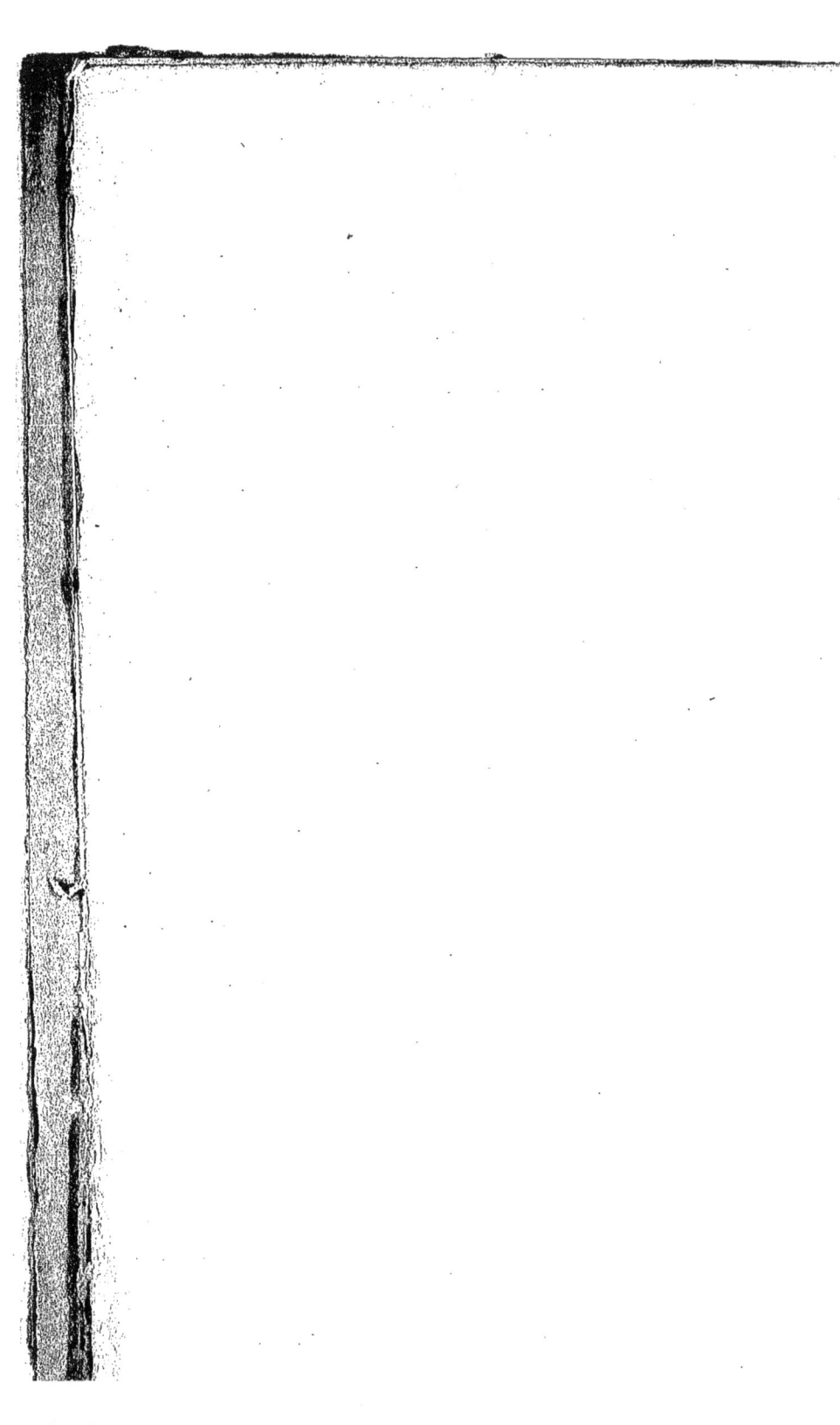

L.-G. PELOUSE

Ce n'est que par la vue de l'ensemble de l'œuvre d'un peintre qu'il est permis de juger de sa réelle valeur et de l'importance qu'il doit prendre dans l'histoire de l'art de son temps. Un hasard heureux, d'à-propos ou d'exécution, peut attirer tout d'un coup l'attention du public, il faut toute une suite d'œuvres réussies pour la conserver. Aussi la réunion des ouvrages d'un artiste doit-elle seule donner l'impression réelle de la place qui lui est due ; elle est comme le chiffre du total de l'addition de sa vie. Que de désillusions nous ont causé des expositions posthumes dont l'effet était de nous démontrer que tel ou tel tableau à succès n'était qu'un effort isolé de l'artiste, et non le résultat de son véritable tempérament.

S'il est des peintres qui perdent à voir réunir leurs œuvres, il en est qui ne peuvent qu'y gagner, ce sont ceux qui doués d'une personnalité native, sans influence d'école ni esprit d'imitation, ont, rejetant toute préoccupation mercantile de succès, aimé naïvement la nature, et l'ont rendue avec les seuls moyens que leur fournissait leur instinct. Tel est le cas d'un artiste de conscience, dont l'œuvre éparse dans les musées et dans les collections, va être pour beaucoup comme la révélation du talent d'un de nos plus remarquables paysagistes.

Non pas que le nom de Pelouse soit celui d'un inconnu, il s'en faut, et les regrets témoignés au lendemain de sa mort sont là pour le prouver ; mais dédaigneux de toute église, tranchons le mot, de toute réclame, Pelouse s'est contenté de consacrer sa vie à produire, se disant que les amis de l'art seraient là pour s'occuper de sa réputation quand lui n'y serait plus.

C'est que chez Pelouse l'homme était à la hauteur de l'artiste, qu'il pressentait vaguement que la vie serait brève pour lui, et qu'il ne voulait quitter ces champs, ces campagnes, ces forêts, ces prés fleuris, que quand il aurait transmis par ses toiles, l'amour et l'admiration qu'ils lui inspiraient. Aussi, infatigable travailleur, doué d'une prodigieuse facilité, a-t-il produit ces nombreuses et poétiques œuvres, tableaux et études, qui figurent pour la plupart dans le catalogue qui suit cette notice.

Avant d'aller plus loin, je rappellerai les paroles d'adieu suprême qu'un de nos grands artistes, son ami, M. Bouguereau, a dites aux obsèques du peintre dont l'œuvre va être appréciée dans son ensemble :

« Ses toiles ont ce parfum que l'étude de la
« nature seule peut donner ; admirablement
« dessinées, d'une couleur à la fois fine et puis-
« sante, elles abondent en détails délicieux
« qui ne nuisent en rien à la grandeur de
« l'ensemble. L'exubérance des verdures, la
« vibration des lumières, la délicatesse des
« branchages et les formes fantasques des
« broussailles y sont vues d'un œil de poëte
« et peintes de main de maître.

« J'aurais aimé à énumérer, une à une, pour
« la triste satisfaction d'y songer ici avec vous,

« les œuvres brillantes qui se sont suivies dans
« nos expositions : *Les Sangliers d'Arcier* et
« *un Coin de Cernay*, qui suffiraient pour
« consacrer à jamais sa renommée.

« Messieurs, après avoir parlé de l'artiste,
« permettez-moi de vous parler de l'homme.
« Quelle nature franche, loyale et gaie ! Comme
« on se sentait heureux d'être auprès de lui.
« Quelle verve intarissable, quel esprit fin,
« quelle bienveillance et quelle bonté ! Ses
« élèves qui vécurent à côté de lui à la cam-
« pagne, peuvent dire ce que ce cœur renfer-
« mait de trésors. Et, aux heures difficiles,
« que son amitié fidèle, fut bonne et conso-
« lante ! Son âme sensible s'indignait des
« injustices. Avec quelle reconnaissance il
« chérissait le souvenir des moindres services
« que d'autres avaient pu lui rendre ! »

Si j'ai cité ces lignes touchantes, c'est qu'elles ne renferment pas seulement l'hommage d'un maître à un grand artiste, d'un homme de cœur à un ami, c'est qu'elles résument admirablement, en peu de mots, les qualités dominantes de Pelouse, et semblent prédire le succès qui lui vient aujourd'hui. Pour se rendre un compte exact de son talent, il ne faut presque que paraphraser ce fragment de discours qui en dit plus long que bien des dissertations et des spéculations esthétiques. Homme de bon sens, âme et esprit n'obéissant qu'à la nature, Pelouse devait être jugé par le bon sens et la vérité; c'est à M. Bouguereau qu'en revient l'honneur.

Léon-Germain Pelouse est né le 1er octobre 1838, à Pierrelaye (Seine-et-Oise), dans une famille peu aisée qui le destina tout d'abord au commerce. Chose singulière, ce fut dans une maison de draperie qu'il fut placé, tout comme Corot le fut dans sa jeunesse. Pas plus que lui d'ailleurs, le négoce ne l'attira et il dut, comme son illustre confrère, avoir beaucoup à souffrir de cette captivité d'esprit et de corps qui lui était imposée. Ainsi que Corot, il témoigna de bonne heure des dispositions pour l'art auquel il devait vouer sa vie, mais, comme lui aussi, il lui fallut voir passer bien des années avant de pouvoir, loin de Paris, loin de ses rues remuantes et bruyantes, s'asseoir tranquillement devant un chevalet au milieu des bois, n'ayant l'œil distrait que par le balancement d'une branche chargée de feuillage, ou l'oreille éveillée par le bruit de l'aile d'un oiseau qui s'envole.

Ce ne fut, en effet, qu'en 1865, à l'âge de 27 ans qu'il put, sans avoir suivi aucun atelier, l'école d'aucun maître, produire librement et réaliser ces rêves de soleils couchants, d'arbres aux énergiques structures, de plaines, de landes mystérieuses, de longues et humides cavées, qui peuplaient son esprit de poëte.

Quand je dis que Pelouse n'avait point eu de maître, je me trompe, car il reçut les conseils et resta un instant sous la direction d'un statuaire, M. Le Bourg, élève de Rude. La sculpture qui ne vit que de formes précises, de plans franchement établis, de lignes où l'indécision n'est pas permise, donna probablement à Pelouse l'habitude de la netteté et de la correction, en lui démontrant la nécessité de la clarté dans l'exécution. C'est peut-être à elle qu'il est en partie redevable de la magistrale façon dont sont construits ces arbres aux puissantes et enchevêtrées ramures, de l'accent avec lequel sont indiqués chaque plans de son tableau, obéissant rien que par la justesse de l'œil aux règles les plus exigeantes de la perspective linéaire et aérienne.

Fromentin et Vollon furent des premiers à constater les œuvres d'un futur maître dans les études que leur montra Pelouse. Il arrivait alors de Bretagne et avait été séduit par cette nature sauvage et puissante. Peut-être y trouva-t-il un peu trop de rigueur et de monotonie, car le hasard l'ayant un jour conduit à Cernay, il fut frappé par le caractère des sites qui l'entouraient, et résolut d'y élire domicile. Tous ceux qui ont parcouru ce beau et pittoresque pays connaissent l'auberge de « la mère Léopold ». C'est chez elle que Pelouse s'installa avec sa boîte à couleurs, et c'est là qu'il rapportait chaque soir ces belles études enlevées avec une si prodigieuse habileté et qui, pour nous, valent autant que les tableaux les mieux achevés.

L'œuvre de Pelouse est, je l'ai dit, très considérable et, sans en donner le dénombrement exact, je vais indiquer les toiles principales qui attirèrent d'abord l'attention sur le peintre, et finalement consacrèrent sa réputation. Bien loin de redouter l'épreuve du Salon, comme le font malheureusement des artistes dont les marchands de tableaux ont entrepris la gloire et craignent qu'un échec compromette la valeur marchande, Pelouse tenait essentiellement aux suffrages des artistes et du public; un succès excitait son courage, l'apparence seulement d'un échec en doublait les forces.

C'est ainsi qu'il exposa successivement : en 1865 : — *Les Environs de Précy* (Oise), *Un Soir d'automne;* en 1868 : — *Un Lais de mer à marée basse, côtes de Bretagne;* en 1869 : — *Un Lavoir, le matin en Bretagne, Pins maritimes pendant un orage* et *Souvenir de Douarnenez;* en 1870 : — deux fusains, les *Portraits de MM. A.-P. et A. de V.;* en 1872 : — *Après la Pluie,* Souvenir de Cernay; en 1873 : — *Vallée de Cernay* qui appartient au musée de Dunkerque; en 1874 : — *A travers bois, matinée d'octobre,* appartenant au musée de Rennes; en 1875 : — *Octobre, Souvenir de Honfleur, Ferme normande à Vasouy, près de Honfleur;* en 1876 : — *Une Coupe de bois à Senlisse* (Seine-et-Oise), tableau appartenant à M. Parisset; en 1877 : — *Les Prairies de Lesdomini,* près de Pont-Saint-Avon (Finistère); *le Matin* et *le Douait* (lavoir), *de Daour-Gazin*, près de Concarneau; ce dernier tableau appartient au musée de Montargis; en 1878 : — *Le Matin*, dans la vallée de Cernay, *Le passage de Lauriec, à Concarneau*, effet de lune, appartenant au musée de Rouen; en 1879 : — *Le vieux Puits* et *Un Coin de Cernay en janvier*, le premier tableau appartenant au musée d'Alger et le second faisant partie de celui du Luxembourg.

Notons en passant que : *La Vallée de Cernay, une Coupe de bois à Senlisse, les Prairies de Lesdomini, le Douait de Daourche-Gazin, le Plateau des Dunes à Carteret* (Manche) avaient figuré à l'Exposition de 1878, où ils obtinrent un succès considérable. En 1880, l'artiste expose : — *Les Premières Feuilles* (ce tableau appartient à M. Haag), *Un Banc de rochers, à Concarneau*, appartenant à M. Wisselin; en 1881 : — *Prairies inondées en Hollande* et *les Blés*, souvenir de Grandcamp; en 1882 : — *Les Bords de l'Ellé* (Finistère); en 1883 : — *La Vallée des Ardoisières, à Rochefort-en-Terre* (Morbihan) et le *Fond de Senlisse*, matinée de juin; *la*

Vallée des Ardoisières, fait partie de la collection de M. Lebeault.

Arrive l'Exposition nationale de 1883, Pelouse y envoie : — *Les premières Feuilles, Janvier à Cernay, la Vallée des Ardoisières, le Fond de Senlisse* et *la Matinée de Juin*, qui viennent confirmer le succès obtenu à l'Exposition universelle de 1878. En 1884, il envoie au Salon : — *Les Bords du Loing*, tableau qui appartient à la Galerie nationale de la Nouvelle-Galles du Sud, et *Grandcamp à marée basse*. En 1885 : — *A Saint-Jean-le-Thomas* (Manche), toile qui appartient au musée de Gand et *le Soir près la ferme*, qui se trouve aujourd'hui au musée de Grenoble. En 1886 : — *L' lôt aux oies*, et *le Plateau de la Montjoie*, à Mortain (Manche); *L'Ilôt aux oies*, fait partie de la collection de M. Barbedienne et *le Plateau de la Montjoie*, appartient au musée du Luxembourg; en 1887 : — *La Source Bergerette*, près de Besançon, aujourd'hui dans une collection de Chicago, *Les Charbonniers au bord du Doubs*; *le Matin sous bois en Franche-Comté*, le *Ruisseau du Tourneur à Arcier* (Doubs) et : *Avanne*, près Besançon, effet de matinée de septembre, que l'on vit à l'Exposition de 1889 ; *le Matin sous bois* qui avait été exposé pour la première fois au Salon de 1888, appartient à M. de Grimberghe ; le musée de Saint-Etienne possède de Pelouse : *Une Cheminée à Bailly ;* en 1889 il expose : — *Le Matin dans les Prés Perrouse*, tableau qui est aujourd'hui en Amérique et fait partie de la collection de M. Patrick, enfin en 1890, année qui précéda celle de sa mort, Pelouse envoyait au Salon une de ses belles toiles : — *La Seine à Poses* qui appartient aujourd'hui au musée de Rouen.

Il obtint en 1873, une médaille de 2e classe, de 1re classe en 1876, de 2e classe à l'Exposition universelle de 1878, de 1re classe à l'Exposition universelle de 1889 ; il avait été nommé chevalier de la Légion d'honneur en 1878.

Tel est le résumé des œuvres principales de Pelouse, je ne parle que de celles que le public connaît, et que les artistes ont justement appréciées. Un grand nombre d'elles ne sont plus à juger et font partie de l'Exposition qui vient de s'ouvrir au palais des Beaux-Arts. J'insisterai davantage sur les œuvres inconnues, sur ces études si vivantes, si magistralement enlevées, qui expliquent mieux le tempérament de l'artiste que tout ce qu'on en pourrait dire. Comment analyser cette étonnante étude de terrains prise à Clairefontaine, où les bruyères, les chardons, l'herbe fine, semblent peints brin à brin, une œuvre de patience et de labeur ; approchez-vous et vous verrez non seulement quelle habileté a fixé presque instantanément cette vision sur la toile, mais avec quelle largeur tout y est traité. Les colorations variées, les relations de tons, jusqu'aux moindres nuances, tout y est, et il semble qu'on sente comme des émanations de baume et de thym sortir de ces terrains ravinés où l'artiste vous fait marcher avec lui.

Le Soir, à Clairefontaine, est peut-être de tous les tableaux de Pelouse, celui qui groupe le mieux l'ensemble de ses qualités; la fière silhouette de l'arbre est merveilleuse de structure ; l'air passe dans ses branches tourmentées, et il n'est pas un détail qu'ait négligé, malgré sa fougue, le peintre qui possédait à un si haut degré toutes les ressources de son art. Ce ciel cuivré, cette ferme entrevue, ces chardons secs de tiges, soyeux de fleurs, ces animaux sortis de la ferme, tout se présente avec une rare vérité, et c'est bien un morceau de la nature que Pelouse a transporté sur sa toile.

La *Place du Tripot*, à Mortain, nous offre un autre aspect du talent du peintre et de la souplesse avec laquelle il pouvait passer d'un sujet à un autre. Ces maisons chancelantes, couvertes d'ardoises aux gris reflets, n'ont-elles pas le caractère de sévérité, de mélancolie sauvage dont l'atmosphère enveloppe toutes choses en Bretagne, les bois comme les plaines, les villes comme les villages, les arbres comme les hommes. N'est-ce pas aussi une étude étonnante d'effet que cet *Intérieur d'une vieille Chapelle,* dédiée à saint Fiacre, dans un village du Finistère ; le jour qui pénètre brutalement par les trouées de la rosace, tamisé bien plus discrètement par le grand vitrail du fond, ne révèlent-ils pas une impression profondément ressentie et rendue avec une rare puissance.

Chemin faisant, jetons un coup d'œil sur ce cadre renfermant sept *Vues d'Auvergne*, études d'une réelle justesse, de couleur très variée, et enlevées avec une étonnante maëstria. Puis c'est une *Vue du Mont-Dore*, nous montrant dans une sorte de cirque, cratère comblé d'un volcan, des terrains incultes, pauvres de végétation, brûlés par des feux souterrains; au dessus de ce paysage dévoré, courent des nuages menaçants, déchiquetés dans leur course au souffle du vent des hautes montagnes. Plus loin nous trouvons une puissante étude d'arbres faite pour le tableau des *Sangliers,* une page de maître.

De son court voyage en Hollande je signalerai seulement deux études, deux véritables bijoux de finesse et d'esprit; l'une d'elles représente une petite rue du vieil Anvers, rue probablement détruite aujourd'hui, et dans laquelle on revoit toute la vieille cité; l'autre est une vue de Dordrecht, prise je crois du Moerdyk; rien ne peut donner idée de la finesse et de la fidélité du rendu de cette délicate impression; les bateaux avec leurs ailettes, l'eau blonde et transparente qui les porte, tout est traité avec le charme et l'habileté des œuvres les plus étudiées.

Arrêtons-nous un instant devant de simples croquis, des dessins au crayon, non pas des études de paysagiste, mais d'un véritable peintre de figures. C'est d'instinct, captivé par un mouvement, une forme, qu'il a pris aux champs ces remarquables sanguines, faites avec autant de simplicité et d'art à la fois que des dessins de maître. On croirait voir, sans imitation ni ressouvenir, de solides croquis de François Millet. Pelouse, le crayon à la main, dessinait tout ce qui s'offrait à sa vue, un arbre, une femme, un outil, une brouette, jetant pêle-mêle dans ses cartons ces notes, devenues si précieuses aujourd'hui.

Le choix du motif, de l'heure où il se trouvait sous la lumière la plus favorable, étaient ses principales préoccupations; une fois ces deux points bien déterminés, Pelouse se mettait à l'œuvre et avec quel courage, quelle activité! Doué d'une prodigieuse habileté, connaissant par expérience toutes les ressources de son art, il avait couvert une toile en moins de temps que d'autres n'en mettent à s'installer à leur chevalet. C'était merveille de le voir, oubliant tout autour de lui, entrant pour ainsi dire dans son tableau, y répandre partout la vie, peignant, c'est le vrai mot, sous la dictée de la nature ; nul mieux que lui ne l'a cherchée sous tous ses aspects, n'a évoqué avec plus de ferveur la poésie de ses solitudes.

Sans vouloir imposer de comparaison entre lui et nos grands maîtres du paysage moderne, il faut dire que de par l'émotion ressentie en présence des bois, des coteaux, des plaines e de leurs mystérieuses beautés, Pelouse peu prendre place à leurs côtés. Chacun d'eux a vu la nature à sa façon, aucun ne l'a représenté de la même manière, mais tous l'ont aimée e cela a suffi pour en faire des peintres incompa rables. Comme à eux, elle lui avait communi qué cette jeunesse, cette facilité d'émotion, je dirai presque cette naïveté qu'elle sait impr mer dans l'âme de ceux qui viennent confondr leur vie dans la sienne.

Elevé à l'école de la pauvreté, et ce souven n'a rien que de glorieux pour la mémoire d l'artiste, puisqu'il la subissait par amour pou son art, Pelouse y avait pris, en même temp que l'habitude de la simplicité, celle de l'i géniosité, de l'adresse qu'il apporta depu en toutes choses. Il n'est pas de petit fait qui n'ait son utilité quand il s'agit de dire la vie d'un artiste, puisque le récit en est, en même temps qu'un hommage rendu à un grand travailleur, un enseignement, un encouragement pour ceux qui veulent aussi entrer dans la lutte. Aussi, ne pensai-je pas m'arrêter à de puérils détails en disant que ce peintre qui devait nous montrer les poëmes impressionnants ou élégants qui sont l'ensemble de son œuvre, avait voulu faire sa vie matérielle si petite, quand il commençait à travailler, qu'il confectionnait lui-même ses vêtements et jusqu'à ses chapeaux et ses chaussures ; il voulait épargner quand même, pour pouvoir acheter des brossses et des couleurs. La légende nous montre le grand Corneille faisant raccommoder un de ses souliers par un cordonnier de la butte Saint-Roch, et Théophile Gautier a tiré de ce fait un de ses plus éloquents mouvements poétiques contre le roi Louis XIV ; avouons que, sans comparer notre peintre à l'auteur du *Cid*, il n'est pas moins honoré que lui par sa glorieuse pauvreté.

La nécessité qui l'avait fait patient, l'avait,

comme je l'ai dit, fait extrêmement habile et ses amis se rappellent encore l'avoir vu, dressant comme un décor de théâtre, toute une installation : tente, planches, parasols, chevalets, dans des bois, des plaines, sur le cours d'un ruisseau, transportant partout avec lui et sans aide, un véritable atelier mobile. Une fois campé de la sorte, le travail commençait, et rien ni personne ne pouvait l'arracher à l'étude entreprise avant qu'il eut donné jusqu'au dernier coup de pinceau. Son acharnement au travail était tel, que voulant achever une étude de neige à Cernay, en 1872, il passa une partie de la journée sans songer un instant au froid horrible qui l'enveloppait ; le lendemain, il apprenait par les journaux que le thermomètre était descendu à 24 degrés au-dessous de zéro ! Que de soldats mis à l'ordre du jour pour leur courage sur le champ de bataille, n'ont pas montré plus d'indifférence pour le danger. Lui, vivait soutenu par le feu de son esprit, pendant qu'autour de lui les chênes centenaires mouraient du froid qui les pénétrait jusqu'au cœur.

Cette tenacité dans le travail, cet « emballement » pour me servir d'un terme d'atelier, Pelouse ne le ressentait pas seulement pour des œuvres personnelles, pour celles qui devaient illustrer son nom, il l'éprouvait aussi, dans la générosité de sa nature, pour celles que lui apportaient ses élèves.

— Que de charmantes scènes de comédie, j'ai vu jouer dans son atelier et à la campagne ! me disait dernièrement un de ses meilleurs amis. On voyait arriver près de lui, un à un, ses élèves, apportant, qui une étude, qui un tableau destiné au Salon. Pelouse examinait l'œuvre, faisait des observations, disait à l'élève de reprendre tel ou tel morceau devant lui. Le plus souvent, celui-ci se faisant plus maladroit qu'il n'était réellement, posait une malencontreuse retouche sur la partie critiquée. Pelouse bouillonnait, s'impatientait, puis, peu à peu, faisait lever le commençant et, finalement, s'installait sur son siège, devant son chevalet. C'était tout ce que demandait l'élève qui, par dessus l'épaule du maître, regardait son tableau se transformer. A partir de ce moment, Pelouse oubliait toutes ses préoccupations personnelles, il s'absorbait dans l'œuvre d'un autre, s'enflammait, modifiait, trouvait, apportait ses souvenirs propres, les ressources de son expérience, sur cette toile insignifiante tout à l'heure et qu'il ne rendait que pleine de relief et de chaleur. Jamais Pelouse ne comptait avec ces généreuses dépenses de son talent, il le prodiguait à toute heure et à tous, sachant bien que la nature lui tiendrait compte de ce qu'il avait donné.

On devine facilement ce qu'un caractère comme le sien avait attiré de sympathies à notre vaillant artiste et si, hélas, on a abusé de ce que donnait si facilement cette main toujours ouverte. Qu'on ne prenne pourtant pas ces élans pour des marques d'irréflexion, les expansions involontaires d'un tempérament de premier mouvement. Loin de là, Pelouse devinait tout, mais il avait souffert de la vie, et comme son cœur était haut placé, il avait pris de ses souffrances un souvenir qui le rendait bon; son caractère avait contracté une douce philosophie là où les âmes faibles ne prennent qu'amertume et misanthropie. Très gai, très accessible, il avait une grande bienveillance pour tous, sans banalité cependant, aimant et défendant le beau et le bien en toutes circonstances, n'ayant qu'un léger hochement de tête, un petit haussement d'épaule pour tout acte douteux, et regardant le mal avec une sorte d'indifférence philosophique.

Esprit très ouvert, il distinguait mille choses là où bien d'autres ne voyaient rien, et des événements de la vie, des faits ordinaires de la rue même, il dégageait instantanément en un mot, le côté spirituel, comique ou pittoresque. De même que lorsqu'il s'agissait pour lui d'arrêter le motif d'un tableau, il choisissait et découvrait un point de vue exquis, là où d'autres n'avaient su s'arrêter, il trouvait l'observation de la vie et du mouvement où beaucoup n'auraient cru laisser passer que des choses indifférentes.

Pendant que Pelouse, toujours produisant, toujours souriant, ne songeait qu'à son art et peignait sans relâche, la nature qu'il aimait tant cependant, détruisait peu à peu, comme elle détruit tout ce qu'elle fait, un corps qui n'avait jamais compté avec le devoir ni la fatigue. Par un travail imperceptible mais incessant, elle minait la matière, mais sans pouvoir toucher à l'intelligence. Poursuivi par une maladie chronique, prise très probablement au milieu de ces ombrages humides, de ces terres mouillées, où le conduisaient ses études, Pelouse, tout en constatant son mal, ne quittait pas ses pinceaux. Il luttait, fort par sa volonté, et comme on peut le constater, il n'eut pas la douleur, si cruelle pour un artiste, d'assister à sa déchéance; oubliant par le travail, la fin inévitable dont chaque jour le rapprochait, il produisait avec autant de verve qu'aux meilleurs jours de sa jeunesse. Le grand paysage pris aux environs de Jumièges, et qu'il terminait pour l'Hôtel de Ville, devait être sa dernière œuvre; œuvre maîtresse, peinte d'une main ferme et renfermant toutes les qualités d'élégance, d'habileté, de pondération et de poésie, qui ont fait la réputation de ses meilleures toiles.

Quoiqu'il ne se plaignit jamais, Pelouse, vaincu, dût un jour s'arrêter; il mourut en stoïcien, défiant de sa philosophie le mal qui tuait son corps. Pressé par tous, il se décida à quitter le milieu dans lequel il avait vécu si longtemps, pour aller chercher la santé dans le Midi. Il en revint bientôt, et, en homme qu'il était malgré l'âme d'enfant qu'il avait conservée, attendit tranquillement le moment suprême. Ses amis se le rappellent mourant, demandant un peu de vin de Champagne pour boire, disait-il, encore une fois : « A la santé des dames! » Ne pouvant plus parler et ne voulant pas attrister ceux qui l'entouraient par les ombres de la mort qui planaient déjà sur son visage, il trouvait moyen de l'éclairer d'un sourire, d'un sourire qui voulait dire : vous voyez il n'y a rien de triste, je suis encore là, puisque je vous souris; est-ce donc si difficile de mourir !

Ce fut le 31 juillet 1891 que Pelouse s'éteignit au milieu de sa famille et de ses amis. Ainsi rentra dans la nature un artiste de conscience et de haute valeur qui doit prendre rang parmi les meilleurs des paysagistes français de notre époque.

Certes bien d'autres peintres avant Pelouse ont aimé la nature et su rendre fidèlement l'émotion ressentie devant elle, mais nul ne l'a plus cherchée, plus respectée que l'artiste dont nous venons de résumer la vie en ces quelques lignes. Ému involontairement par la majesté des spectacles qu'il allait demander à ses solitudes aimées, il ne se trouvait jamais devant les aspects grandioses des champs ou des forêts, sans ressentir ce que les dévôts sincères éprouvent en entrant dans une église. — Quand il était à la campagne, nous disait hier encore un de ses élèves, et qu'il nous montrait un site, un motif à étudier et à admirer, il devenait subitement un tout autre homme; lui, gai, bruyant, expansif il n'y a qu'un instant, se recueillait et parlait plus bas.

Pelouse « parlait plus bas » devant la nature! Cela ne dit-il pas mille fois mieux que ce que j'écrirais, la valeur de l'artiste ardent et convaincu que nous avons perdu.

Philippe Gille.

Février 1892.

TABLEAUX

PAR

L.-G. PELOUSE

---

1 — A Hyèvre le pré Huot.

H. 0^{m}55; L. 0^{m}76.

Appartient à M. Félix Roxas.

2 — Effet du Matin : La Seine à Poses.

H. 0^{m}38; L. 0^{m}55.

Appartient à M. Félix Roxas.

3 — Souvenir de Bretagne (*Pastel*).

H. 0^{m}46; L. 0^{m}65.

Appartient à M. Hattat.

4 — Ryswick, près La Haye (Hollande).

H. 0m38; L. 0m55.

Appartient à M. Hattat.

5 — Vallée du Mont-Dore.

H. 0m75; L. 1m50.

Appartient au Musée de Clermont-Ferrand.

6 — Le Ruisseau de Clairefontaine (Seine-et-Oise).

H. 0m38; L. 0m55.

Appartient à M. Mercié.

7 — Les Bords de l'Ellée (Finistère).

H. 0m55; L. 0m76.

Appartient à M. Château.

8 — Verger aux bords de l'Odet.

H. 0m55; L. 0m76.

Appartient à M. Château.

9 — L'Étang de Cernay.

H. 0m46; L. 0m65.

Appartient à M. Delon.

10 — Les Prairies d'Arcier (Doubs).

H. 0m46; L. 0m65.

Appartient à M. Delon.

11 — Les Hauteurs de Lacourbe.

H. 0m55; L. 0m76.

Appartient à M. Brisset-Fossier, à Reims.

12 — La Source Bergerette.

H. 0m65; L. 0m92.

Appartient à M. Brisset-Fossier, à Reims.

13 — Souvenir de Reims.

H. 0m38; L. 0m55.

Appartient à M. Brisset-Fossier, à Reims.

14 — La Rosée à Rochefort-en-Terre.

H. 0m55; L. 0m76.

Appartient à M. Henrich, à Reims.

15 — Le Chemin de Bernay (Orne).

H. 0m55; L. 0m76.

n t à M. Henrich, à Reims.

16 — L'Orne, à Mesnil-Glaize.

H. 0m55; L. 0m76.

Appartient à M. Spetz d'Isenheim (Alsace).

17 — Ferme à Saint-Jacut.

H. 0m38; L. 0m55.

Appartient à M. Perdoux, à Orléans.

18 — Vue de Bénodet (Finistère).

H. 0m38; L. 0m55.

Appartient à M. Perdoux, à Orléans.

19 — Après la pluie.

H. 1m30; L. 1m60.

Appartient à M. Arnaud Jenti.

20 — Paysage.

H. 1m30; L. 1m60.

Appartient à M. Arnaud Jenti.

21 — Le Vallon de Poigny (Seine-et-Oise).

H. 0m92; L. 0m65.

Appartient à M. Refoulé, à Orléans.

22 — L'Entrée de Marlotte (Seine-et-Marne).

H. 0m46; L. 0m65.

Appartient à M. Gagneau.

23 — Bords de l'Orne.

H. 0m46; L. 0m65.

Appartient à M. Jungck, à Bâle.

24 — Anseremme (Belgique).

       H. 0^{m}46; L. 0^{m}55.

  Appartient à M. Jungck, à Bâle.

25 — Une Coupe de bois, à Senlisse (Seine-et-Oise).

  Salon de 1876, 1re médaille.

       H. 2^{m}40; L. 1^{m}60.

  Appartient à M. Parissot.

26 — Les Cigognes sur la Lesse.

       H. 0^{m}65; L. 0^{m}92.

  Appartient à M. Parissot.

27 — Le Ruisseau du Tourneur.

       H. 0^{m}90; L. 1^{m}30.

  Appartient à M. Girard.

28 — Pré de la Canate.

       H. 0^{m}38; L. 0^{m}55.

  Appartient à M. Mercié.

29 — Le Moulin de la Canate.

> H. 0m55; L. 0m76.

Appartient à M. le baron de Grimberghe.

30 — Le Matin sous bois, en Franche-Comté.

Salon de 1888.

> H. 2m75; L. 2m10.

Appartient à M. le comte de Grimberghe.

31 — La Meuse, à Anseremme.

> H. 0m38; L. 0m55.

Appartient à M. Lheureux.

32 — Le Château d'Arques (Seine-Inférieure).

> H. 0m46; L. 0m65.

Appartient à M. Lheureux.

33 — Le Ruisseau de Rochefort-en-Terre.

> H. 0m46; L. 0m55.

Appartient à M. Noailles.

34 — La Côte du Vieux Moulin, à Arcier (Doubs).

H. 0^{m}38; L. 0^{m}55.

Appartient à M. Mayet.

35 — Etude de Sanglier.

H. 0^{m}38; L. 0^{m}55.

Appartient à M. Mayet.

36 — Près de la Mare aux Fées, forêt de Fontainebleau.

H. 0^{m}65; L. 0^{m}92.

Appartient à M. Boisset.

37 — A Arcier (Doubs).

H. 0^{m}65; L. 0^{m}92.

Appartient à M. Boisset.

38 — Débordement du Doubs.

H. 0^{m}38; L. 0^{m}55.

Appartient à Mme Piatier.

39 — Les Bords de la Seine, à Poses.

H. 0^m46; L. 0^m65.

Appartient à M. E. Donnard, à Rouen.

40 — La Loue, à Vuillafans (Doubs).

H. 0^m65; L. 0^m92.

Appartient à M. E. Donnard, à Rouen.

41 — Le Pays de Poses.

H. 0^m46; L. 0^m65.

Appartient à M. Léon Donnard.

42 — Les Saules des Sources d'Arcier.

H. 0^m46; L. 0^m65.

Appartient à M. Léon Donnard.

43 — Le Neubourg (*Pastel*).

H. 0^m50; L. 0^m80.

Appartient au Musée de Reims.

44 — Les Premières Feuilles.
   Salon de 1880.
   H. 1m73; L. 2m00.
   Appartient à M. Haag.

45 — Le Matin, dans les Iles de Poses.
   H. 0m46; L. 0m65.
   Appartient à M. Thénard.

46 — Le Ruisseau Gros à Cusance (Doubs).
   H. 0m46; L. 0m65.
   Appartient à M. Thénard.

47 — Bancs de Rochers, à Concarneau.
   Salon de 1880.
   H. 0m95; L. 1m30.
   Appartient à M. Wislin.

48 — La Seine, à Poses.
   H. 0m55; L. 0m76.
   Appartient à M. Rambaud.

49 — Quai d'Anvers (Belgique).

     H. 0ᵐ21; L. 0ᵐ32.

  Appartient à M. Rambaud.

50 — La Ferme de Martigny.

     H. 0ᵐ55; L. 0ᵐ76.

  Appartient à M. Cronier.

51 — La Vallée de Guillon-les-Bains
  (Doubs).

     H. 0ᵐ55; L. 0ᵐ76.

  Appartient à M. Cronier.

52 — Prairies à Rochefort-en-Terre.

     H. 0ᵐ46; L. 0ᵐ65.

  Appartient à M. Maillard.

53 — Paysage de Bretagne.

     H. 0ᵐ46; L. 0ᵐ65.

  Appartient à M. Maillard.

54 — La Ferme Huot, à Hyèvre (Doubs).

H. 0ᵐ55; L. 0ᵐ76.

Appartient à M. Chenaillier.

55 — Le Puits-Gros (Mont-Dore).

H. 0ᵐ38; L. 0ᵐ55.

Appartient à M. Chenaillier.

56 — Effet de Nuit après Orage.

H. 0ᵐ20; L. 0ᵐ30.

Appartient à M. Chenaillier.

57 — Dans la Ferme de Martigny, près Arques-la-Bataille.

H. 0ᵐ46; L. 0ᵐ65.

Appartient à M. Chenaillier.

58 — La Route d'Hyèvre (Doubs).

H. 0ᵐ55; L. 0ᵐ76.

Appartient au Musée de Besançon.

59 — Le Pré-Canet, à Arcier.

H. 0m55; L. 0m76.

Appartient à M. Chenal.

60 — Paysage de Bretagne.

H. 0m55; L. 0m76.

Appartient à M. Chenal.

61 — Les Égarées (Fin d'Automne).

H. 1m60; L. 1m28.

Appartient au Musée de Mulhouse.

62 — L'Entrée de Beurre (Doubs).

H. 0m21; L. 0m32.

Appartient à M. Labiche.

63 — Prairies inondées de Montjesoie (Doubs).

H. 0m38; L. 0m55.

Appartient à M. Labiche.

64 — Le Bas-Meudon.

H. 0m46; L. 0m65.

Appartient à M. Busch.

65 — Prairie à Arques-la-Bataille (Seine-Inférieure).

H. 0m46; L. 0m65.

Appartient à M. Busch.

66 — La Rentrée des Bateaux pêcheurs, à Concarneau (Finistère).

H. 0m38; L. 0m55.

Appartient à M. Debard.

67 — Souvenir de Pont-Aven.

H. 0m46; L. 0m65.

Appartient à M. Debard.

68 — Vitré.

H. 0m14; L. 0m24.

Appartient à Mme Bonnehée.

69 — Le Bois David (Finistère).

H. 0ᵐ14; L. 0ᵐ24.

Appartient à Mᵐᵉ Bonnehée.

70 — Souvenir de Bretagne.

H. 0ᵐ65; L. 0ᵐ92.

Appartient à Mᵐᵉ Dubois.

71 — Paysage de Bretagne.

H. 0ᵐ46; L. 0ᵐ65.

Appartient à M. Emile Beaure.

72 — La Passerelle du Moulin, à Arques.

H. 0ᵐ46; L. 0ᵐ65.

Appartient à M. Emile Beaure.

73 — Le Treiz, à Benodet (Finistère).

H. 0ᵐ38; L. 0ᵐ55.

Appartient à M. Vayson.

74 — Environs du Mont-Dore.

H. 0ᵐ21; L. 0ᵐ32.

Appartient à M. Vayson.

75 — Entrée de Guillon-les-Bains.

H. 0ᵐ38; L. 0ᵐ55.

Appartient à M{ⁱˡᵉ} E. Pelouse.

76 — Environs de Rochefort-en-Terre.

H. 0ᵐ25; L. 0ᵐ40.

Appartient à M. de Dramard.

77 — Vue d'Anseremme (Belgique).

H. 0ᵐ46; L. 0ᵐ65.

Appartient à M. Vezin.

78 — A Episy (Seine-et-Marne).

H. 0ᵐ38; L. 0ᵐ55.

Appartient à M. Léger.

79 — Paysage de Bretagne.

H. 0ᵐ38; L. 0ᵐ55.

Appartient à M. Bourgeois.

80 — Souvenir de Cernay.

H. 0ᵐ38; L. 0ᵐ55.

Appartient à M. Levallois.

81 — Petites Paysannes, à Honfleur.

H. 0ᵐ46; L. 0ᵐ65.

Appartient à M. Marquet de Vasselot.

82 — Portrait de Mᵐᵉ Marquet de Vasselot *(Fusain)*.

H. 0ᵐ00; L. 0ᵐ00.

Appartient à M. Marquet de Vasselot.

83 — Effet de Neige à Cernay.

H. 0ᵐ14; L. 0ᵐ24.

Appartient à M. le docteur Guède.

84 — La Passeuse du bac, à Poses.

H. 0ᵐ21; L. 0ᵐ32.

Appartient à M. le docteur Guède.

85 — Rivière de Guillon-les-Bains (Doubs).

H. 0ᵐ55; L. ᵐ76.

Appartient à M. Henri Beaure.

86 — Vue de Vuillafans (Doubs).

H. 0ᵐ46; L. 0ᵐ65.

Appartient à M. Henri Beaure.

87 — Chaumières, à Cernay.

H. 0ᵐ38; L. 0ᵐ33.

Appartient à M. le baron Creuzé de Lesser.

88 — Mendiants Bretons *(Fusain)*.

H. 0ᵐ75; L. 0ᵐ60.

Appartient à M. Morblant.

89 — Les Laveuses, à Cernay.

H. 0m65; L. 0m75.

Appartient à M. Morblant.

90 — Souvenir de Trésilley (Haute-Saône).

H. 0m21; L. 0m32.

Appartient à Mme Charpenay.

91 — Les Lavandières (1871).

H. 0m73; L. 0m60.

Appartient à M. Assire.

92 — Paysage de Normandie.

H. 0m38; L. 0m55.

Appartient à M. Roulleau.

93 — Le Faou (Finistère).

H. 0m21; L. 0m32.

Appartient à M. Garnier.

94 — Maisons sur la Rivière, à Quimper.

H. 0ᵐ14; L. 0ᵐ24.

Appartient à M. Garnier.

95 — Panneau décoratif.

H. 2ᵐ00; L. 1ᵐ60.

Appartient à M. de Wecker.

96 — Vue du Mont-Dore.

H. 0ᵐ65; L. 0ᵐ92.

Appartient à M. Méliodon.

97 — Les Prairies de la Loue inondées.

H. 0ᵐ38; L. 0ᵐ55.

Appartient à M. Viard.

98 — Panneau décoratif destiné à l'Hôtel de Ville de Paris.

H. 4ᵐ00; L. 2ᵐ80.

Appartient à la Ville de Paris.

9 — La Ferme de Lesbin.

        H. 0^{m}55; L. 0^{m}76.

    Appartient à Mme Veuve Froc, à Orléans.

100 — Prairies à Clairefontaine.

        H. 0^{m}55; L. 0^{m}76.

    Appartient à Mme Veuve Froc, à Orléans.

101 — Le Soir, près la Ferme.

    Salon de 1885.

        H. 1^{m}30; L. 1^{m}60.

    Appartient au Musée de Grenoble.

102 — Bords de la Mer, à Saint-Jean-le-Thomas.

        H. 1^{m}55; L. 0^{m}76.

    Appartient à Mme Amillet.

103 — Sous Bois (Orne).

        H. 0^{m}55; L. 0^{m}76.

    Appartient à M. Bricart.

10 — Esquisse de la Pérouse.

H. $0^m 46$; L. $0^m 55$.

Appartient à M. Chapellier.

105 — La Route de Damps.

H. $0^m 46$; L. $0^m 55$.

Appartient à M. Léon Rœderer.

106 — Vallée des Ardoisières.

Salon de 1883.

H. $2^m 00$; L. $2^m 75$.

Appartient à M. Lebault.

107 — Effet de Neige.

H. $0^m 55$; L. $0^m 76$.

Appartient à M. Théophile Deyrolle.

108 — Paysage.

H. $0^m 21$; L. $0^m 32$.

Appartient à M. Emile Deyrolle.

109 — Vallée de Cernay (Seine-et-Oise).

    Salon de 1873, 2ᵉ médaille.

    H. 2^{m}75; L. 2^{m}00.

    Appartient au Musée de Dunkerque.

110 — A Pont-Aven (Finistère).

    H. 0^{m}46; L. 0^{m}55.

    Appartient à M. Le Marié des Landelles.

111 — L'Ilôt aux Oies.

    Salon de 1886.

    H. 1^{m}55; L. 2^{m}20.

    Appartient à M. Barbedienne.

112 — Les Noyers de Mon Caprice.

    H. 0^{m}65; L. 0^{m}92.

    Appartient à Mme Soullié.

113 — Les Roches de Branne (Doubs).

    H. 0^{m}55; L. 0^{m}76.

    Appartient à M. A. Thirion.

114 — Près Pont-des-Moulins (Doubs).
H. 0m55; L. 0m76.
Appartient à M. Bouchard.

115 — Le Vieux Pommier, bords du Cusançin (Doubs).
H. 0m55; L. 0m76.
Appartient à M. Bouchard.

116 — La Rivière l'Eure, à Léris (près Pont-de-l'Arche).
H. 0m55; L. 0m76.
Appartient à M. Neuhaus.

117 — Automne.
H. 0m65; L. 0m50.
Appartient à M. Guébin.

118 — Plein Été, midi.
H. 0m80; L. 0m60.
Appartient à M. Guébin.

119 — Étude sur nature.
H. 0m90; L. 0m65.
Appartient à M. Guébin.

120 — Soleil couchant (Automne).
>> H. 0^{m}45; L. 0^{m}65.
>> Appartient à M. Guébin.

121 — Printemps, vallée de Cernay.
>> H. 0^{m}60; L. 0^{m}40.
>> Appartient à M. Guébin.

122 — L'Entrée de Cernay.
>> H. 0^{m}46; L. 0^{m}55.
>> Appartient à M. Hiard.

123 — Vallée de Lesdomini.
>> H. 0^{m}46; L. 0^{m}55.
>> Appartient à M. Hiard.

124 — Les Falaises de Granville.
>> H. 0^{m}46; L. 0^{m}65.
>> Appartient à M. le docteur Hiard.

125 — La Vallée d'Hyèvre-Paroisse (Doubs).
>> H. 0^{m}46; L. 0^{m}65.
>> Appartient à M. Coudray.

126 — Paysage de Bretagne.

H. 0m46; L. 0m55.

Appartient à M. Victor de Swarte.

127 — Cascades de Cernay (Seine-et-Oise).

H. 0m55; L. 0m65.

Appartient à M. A. Franck.

128 — Dans la Vallée de Cernay.

H. 0m65; L. 0m75.

Appartient à M. A. Franck.

129 — Les Bords de la Meuse, à Anseremme (Belgique).

H. 0m46; L. 0m65.

Appartient à Mme Boullet.

130 — Effet de Soleil couchant dans une ferme de Normandie.

H. 0m95; L. 1m50.

Appartient au Musée de La Rochelle.

131 — Le Pont de Chalèze (Doubs).

>H. 0m46; L. 0m65.

Appartient à M. Raoul Canivet.

132 — Le Ruisseau d'Hyèvre-Paroisse.

>H. 0m55; L. 0m76.

Appartient à M. Raoul Canivet.

133 — Un Coin de Cernay en Janvier.

Salon de 1879.

>H. 1m30; L. 1m95.

Appartient au Musée de Luxembourg.

134 — Le Plateau de la Montjoie (Manche).

Salon de 1886.

>H. 1m55; L. 2m20.

Appartient au Musée du Luxembourg.

135 — A St-Jean-le-Thomas (Manche).

Salon de 1885.

>H. 1m73; L. 2m40.

Appartient au Musée de Gand (Belgique).

135 *bis* — Le Passage de Lauriec (Effet de lune).

Salon de 1878.

H. 1m80; L. 1m30.

Appartient au Musée de Rouen.

135 *ter* — La Seine à Poses.

Salon de 1890.

H. 1m90; L. 1m45.

Appartient au Musée de Rouen.

136 — Coucher de soleil, à Arcier.

Appartient à M. Floris Lorthois.

136 *bis* — Grandcamp, marée basse.

Salon de 1884.

H. 1m90; L. 1m30.

Appartient au Musée de Carcassonne.

136 *ter* — Cour de Ferme.

H. 0m80; L. 0m65.

Appartient à Mme Biancourt, à Rouen.

ATELIER

DE

L.-G. PELOUSE

---

137 — Avanne près Besançon (Doubs).
H. 0^moo; L. 0^moo.

138 — Grandcamp de la Plage.
Offert par Mme Ve Pelouse à l'État.
H. 0^m90; L. 1^m30.

139 — Le Douet de Daour-Gazine.
H. 0^m80; L. 1^m11.

140 — Terrain de bruyères, à Clairefontaine (Seine-et-Oise).

H. 0^{m}60; L. 1^{m}00.

141 — Environs de Pont-Aven (Finistère).

H. 1^{m}08; L. 0^{m}78.

142 — Un Douet, à Douarnenez (Finistère).

H. 0^{m}80; L. 1^{m}11.

143 — Bruyères, forêt de Rambouillet.

H. 0^{m}82; L. 1^{m}00.

144 — Les Hauteurs de Clairefontaine.

H. 0^{m}74; L. 0^{m}92.

145 — Le Cusançin, à Guillon-les-
Bains (Doubs).

H. 0^{m}65; L. 0^{m}92.

146 — Ferme, environs de Pont-Aven.
H. 0^{m}65; L. 0^{m}92.

147 — La Place du Tripot, à Mortain (Manche).
H. 0^{m}65; L. 0^{m}92.

148 — Mare, forêt de Rambouillet.
H. 0^{m}65; L. 0^{m}92.

149 — Le Matin, à Bernay (Orne).
H. 0^{m}65; L. 0^{m}92.

150 — La Scierie du Val-de-Cusance (Doubs).
H. 0^{m}65; L. 0^{m}92.

151 — Ruisseau d'Avanne (Doubs).
H. 0^{m}65; L. 0^{m}92.

152 — Une Ferme, environs de Pont-Aven.
H. 0^{m}65; L. 0^{m}92.

153 — Le Plateau de Rochefort-en-Terre (Morbihan).
H. 0^m60; L. 0^m92.

154 — Aux Environs de Pont-Aven.
H. 0^m55; L. 0^m76.

155 — Route des Ardoisières, à Rochefort-en-Terre.
H. 0^m55; L. 0^m76.

156 — Le Moulin de Vuillafans (Doubs).
H. 0^m55; L. 0^m76.

157 — La Route des Damps (Eure).
H. 0^m55; L. 0^m76.

158 — Village d'Avanne (Doubs).
H. 0^m55; L. 0^m76.

159 — Prairies au Mesnil-Glaize (Orne).
H. 0^m55; L. 0^m76.

160 — Vue du Doubs, près Baume-les-Dames.
H. 0m55; L. 0m76.

161 — La Seine, à Pont-de-l'Arche.
H. 0m55; L. 0m76

162 — La Meuse, à Anseremme (Belgique).
H. 0m76; L. 0m55.

163 — Les Vieux Cerisiers de Bénodet (Finistère).
H. 0m55; L. 0m76.

164 — Vue du Val-Pitant de Poses (Eure).
H. 0m55; L. 0m76.

165 — Le Village d'Hyèvre-Paroisse (Doubs).
H. 0m55; L. 0m76.

166 — Le Quenelet-sur-Arz, à Rochefort-en-Terre.
H. 0^{m}55; L. 0^{m}76.

167 — Route de Carteret (Manche).
H. 0^{m}48; L. 0^{m}73.

168 — Les Prairies Bouvet, à Arques (Seine-Inférieure).
H. 0^{m}46; L. 0^{m}65.

169 — Environs de Mortain (Manche)
H. 0^{m}46; L. 0^{m}65.

170 — La Meuse, à Anseremme (Belgique).
H. 0^{m}46; L. 0^{m}65.

171 — Environs de Dieppe (Seine-Inférieure).
H. 0^{m}46; L. 0^{m}65.

172 — Bords du Scorff (Finistère).
H. 0m46; L. 0m65.

173 — Un Coin de Honfleur (Calvados).
H. 0m46; L. 0m65.

174 — Prairies de Senlisse (Seine-et-Oise).
H. 0m46; L. 0m65.

175 — Le Déversoir de Pont-des-Moulins (Doubs).
H. 0m46; L. 0m65.

176 — La Bergerette Grandes-Eaux.
H. 0m46; L. 0m65.

177 — Vue de Poigny (Seine-et-Oise).
H. 0m46; L. 0m65.

178 — Roches à Carteret (Manche).
H. 0m46; L. 0m65.

179 — Une Rue d'Anseremme (Belgique).

H. 0ᵐ46; L. 0ᵐ65.

180 — Mare, au Mesnil-Glaize (Orne).

H. 0ᵐ55; L. 0ᵐ68.

181 — Saint-Jean-le-Thomas (Manche).

H. 0ᵐ46; L. 0ᵐ65.

182 — Pierres druidiques à Carnac.

H. 0ᵐ46; L. 0ᵐ65.

183 — Rue d'Avanne (Doubs).

H. 0ᵐ46; L. 0ᵐ65.

184 — Environs d'Arques-la-Bataille.

H. 0ᵐ46; L. 0ᵐ65.

185 — Sous Bois, à Pont-Aven.

H. 0ᵐ46; L. 0ᵐ65.

186 — Un Lavoir, à Grandcamp (Calvados).
H. 0m65 ; L. 0m46.

187 — Prairies de Lezelé, à Pont-Scorff.
H. 0m46 ; L. 0m65.

188 — Sous Bois, à Concarneau (Finistère).
H. 0m65 ; L. 0m46.

189 — Marais de la Piérie, à Rochefort-en-Terre.
H. 0m46 ; L. 0m65.

190 — Villerville, près Honfleur.
H. 0m50 ; L. 0m65.

191 — Bords de la Seine, à Poses.
H. 0m55 ; L. 0m76.

192 — Les Pins de Nizon, près Pont-Aven.
H. 0m80 ; L. 1m11.

193 — Le Moulin de Châtel-Cusance (Doubs).
H. 0^{m}46 ; L. 0^{m}65.

194 — Prairies de Rochefort-en-Terre.
H. 0^{m}46 ; L. 0^{m}65.

195 — Le Village de Chalèze (Doubs).
H. 0^{m}46 ; L. 0^{m}65.

196 — Hauteurs de Clairefontaine.
H. 0^{m}46 ; L. 0^{m}65.

197 — La Loue, à Vuillafans (Doubs).
H. 0^{m}46 ; L. 0^{m}65.

198 — La Seine, à Léry (Eure).
H. 0^{m}38 ; L. 0^{m}55.

199 — Hauteurs de Rochefort-en-Terre.
H. 0^{m}38 ; L. 0^{m}55.

200 — Vieux Château à Dinant (Belgique).
H. 0m38; L. 0m55.

201 — L'Automne, à Rochefort-en-Terre.
H. 0m38; L. 0m55.

202 — Sous Bois, à Concarneau (Finistère).
H. 0m55; L. 0m38.

203 — Coucher de Soleil, à Honfleur.
H. 0m38; L. 0m55.

204 — Intérieur de Vilbury (Morbihan).
H. 0m38; L. 0m55.

205 — Inondations de Ryswich (Hollande).
H. 0m38; L. 0m55.

206 — Forge abandonnée, à Anseremme (Belgique).
H. 0m38; L. 0m55.

207 — Laveuses à Grandcamp (Calvados).
H. 0m38; L. 0m55.

208 — Les Chênes de Saint-Fiacre, à Rochefort-en-Terre.
H. 0m38; L. 0m55.

209 — Environs de Compiègne (Oise).
H. 0m38; L. 0m55.

210 — Intérieur de Cour à Honfleur.
H. 0m38; L. 0m55.

211 — Sources d'Arcier (Doubs).
H. 0m38; L. 0m55.

212 — Un Moulin de Hollande.
H. 0m55; L. 0m38.

213 — Les Blés de la ferme de Kergait (Finistère).
H. 0m38; L. 0m55.

214 — Le Déversoir du Mesnil-Glaize (Orne).
H. 0^{m}38; L. 0^{m}55.

215 — Chapelle Saint-Fiacre, près Riec (Finistère).
H. 0^{m}55; L. 0^{m}76.

216 — Les Coutelleries de Thiers (Puy-de-Dôme).
H. 0^{m}46; L. 0^{m}65.

217 — Une Rue d'Avanne (Doubs).
H. 0^{m}38; L. 0^{m}55.

218 — Les Prés de Pérouse (Doubs).
H. 0^{m}38; L. 0^{m}55.

219 — La Rivière d'Arques, près Dieppe.
H. 0^{m}45; L. 0^{m}49.

220 — Veules (Seine-Inférieure).
H. 0^{m}52; L. 0^{m}46.

221 — Entrée de Marlotte (Seine-et-Marne).
H. 0^m45; L. 0^m31.

222 — Entrée de la forêt de Fontainebleau, près Marlotte.
H. 0^m45; L. 0^m31.

223 — Vues d'Auvergne.
Sept panneaux.
H. 0^m21; L. 0^m32.

224 — Projet de décoration.
Quatre panneaux.
H. 0^m21; L. 0^m32.

225 — Arcier, près Besançon.
H. 0^m38; L. 0^m33.

226 — Plage de Carteret.
H. 0^m21; L. 0^m32.

227 — Les Noyers, à Arcier (Doubs).
H. 0^m92; L. 0^m65.

228 — Rosée du matin, à Arcier.
>H. 0^m38. L. 0^m55.

229 — Etude de Sanglier.
>H. 0^m50; L. 0^m55.

230 — Etude de Chardons.
>H. 0^m92; L. 0^m65.

231 — Etude de Chardons.
>H. 0^m65; L. 0^m92.

232 — Etude de Terrain, à Cernay.
>H. 0^m34; L. 0^m74.

233 — Le Neubourg, près Mortain.
>H. 0^m46; L. 0^m65.

234 — Le Loing, à Episy (Seine-et-Marne).
>H. 0^m41; L. 0^m65.

235 — Etude de Tzigane, à Cernay.

H. 0m61; L. 0m50.

236 — La Rivière d'Hyères (Seine-et-Oise).

H. 0m35; L. 0m48.

237 — A Mortain (Manche).

H. 0m21; L. 0m32.

238 — Escalier à Morlaix.

H. 0m14; L. 0m24.

239 — Bords de la Meuse.

H. 0m14; L. 0m24.

240 — Effet de Neige, à Cernay.

H. 0m14; L. 0m24.

241 — Le Bois d'Amour, à Pont-Aven.

H. 0m14; L. 0m24.

242 — La Rance, à Dinan (Ille-et-Vilaine).

H. $0^m 14$; L. $0^m 24$.

243 — Bourg-des-Comptes (Ille-et-Vilaine).

H. $0^m 14$; L. $0^m 24$.

244 — Grandcamp (Calvados).

H. $0^m 21$; L. $0^m 32$.

245 — Grandcamp (Calvados).

H. $0^m 21$; L. $0^m 32$.

246 — Grandcamp (Calvados).

H. $0^m 21$; L. $0^m 32$.

247 — Grandcamp (Calvados).

H. $0^m 21$; L. $0^m 32$.

248 — Entrée de Dinant (Belgique).

H. 0^{m}21 ; L. 0^{m}32.

249 — Etude de la Source Bergerette (Doubs).

H. 0^{m}21 ; L. 0^{m}32.

250 — Dordrecht (Belgique).

H. 0^{m}21 ; L. 0^{m}19.

251 — Le vieil Anvers (Belgique).

H. 0^{m}21 ; L. 0^{m}19.

252 — Effet de Nuit.

H. 0^{m}14 ; L. 0^{m}33.

253 — Paris du Pont des Arts.

H. 0^{m}18 ; L. 0^{m}23.

— 79 —

254 — Étude de Vache, d'après Troyon.

H. 0^{m}59; L. 0^{m}72.

255 — Le Matin sur le Doubs.

H. 0^{m}38; L. 0^{m}55.

www.ingramcontent.com/pod-product-compliance
Lightning Source LLC
Chambersburg PA
CBHW070206230526
45471CB00002B/842